Матиас Фидлер

Идея на иновативния подбор на недвижими имоти: Лесно посредничеството за недвижими имоти

Подбор на недвижими имоти: Ефективно, лесно и професионално посредничество за недвижими имоти чрез иновативен портал за подбор на недвижими имоти

Служебна информация

1.Издание като печатна книга| февруари 2017 г.
(първоначално излиза на немски, декември 2016 г.)

Матиас Фидлер
Ерика фон Брокдорф Щрасе 19
41352 Коршенброих
Германия
www.matthiasfiedler.net

Производство и отпечатване:
Виж отпечатъка на последната страница

Оформление на обложката: Матиас Фидлер
Съставяне на електронната книга: Матиас Фидлер

ISBN-13 (Paperback): 978-3-947082-36-0
ISBN-13 (E-Book mobi): 978-3-947082-37-7
ISBN-13 (E-Book epub): 978-3-947082-38-4

Библиографска справка на Германската национална
Библиотека: Германската национална библиотека
регистрира тази публикация в Германската национална
библиография; подробни библиографични данни могат да се
намерят в интернет на http://dnb.d-nb.de.

СЪДЪРЖАНИЕ

В тази книга се обяснява революционна концепция за световен портал за подбор на недвижими имоти (Арр – приложение) с изчисляване на значителния потенциален оборот (милиарди евро), който портал е интегриран в софтуер за брокери на недвижими имоти, включително оценка на недвижимите имоти (билиони евро потенциален оборот).

Това позволява да се посредничи ефективно и пестящо време за лично ползвани или отдадени под наем жилищни и търговски имоти. Порталът е бъдещето на иновативното и професионално посредничество за всички брокери на недвижими имоти и всички заинтересовани лица. Подборът на недвижими имоти функционира в почти всички страни и дори транснационално.

Вместо недвижимите имоти да се „поднасят" на купувача или наемателя, в портала за подбор на недвижими имоти купувачите и наемателите се квалифицират (профил на търсене), сравняват се и се свързват с предлаганите имоти на брокерите.

СЪДЪРЖАНИЕ

ПРЕДГОВОР

През 2011 г. премислих и развих описаната тук идея на иновативния подбор на недвижими имоти.

Аз работя в отрасъла на недвижимите имоти от 1998 г. (в т.ч. посредничество на недвижими имоти, покупко-продажба, оценяване, отдаване под наем и разработване на парцели). Освен това съм специалист по икономика на недвижими имоти (IHK), дипломиран икономист по недвижими имоти (ADI) и експерт за оценяване на недвижими имоти (DEKRA) както и член в международно признатата асоциация по недвижими имоти на Кралския институт на лицензираните оценители (MRICS).

Матиас Фидлер
Корхенбройх, 31.10.2016
www.matthiasfiedler.net

1. Идея на иновативния подбор на недвижими имоти: Лесно посредничеството за недвижими имоти

Подбор на недвижими имоти: Ефективно, лесно и професионално посредничество за недвижими имоти чрез иновативен портал за подбор на недвижими имоти

Вместо недвижимите имоти да се „поднасят" на купувача или наемателя, в портала за подбор на недвижими имоти (App – приложение) купувачите и наемателите се квалифицират (профил на търсене), сравняват се и се свързват с предлаганите имоти на брокерите.

2. Цели на купувачите и наемателите на недвижими имоти и предлагащите недвижими имоти

От гледна точка на продавача и наемодателя на недвижими имоти е важно неговият недвижим имот да бъде продаден или отдаден под наем бързо и на възможно най-висока цена.

От гледна точка на купувача и наемателя е важно да намери недвижим имот, отговарящ на неговото желание, както да да го закупи или наеме без проблеми.

3. Досегашен начин на действие при търсене на недвижими имоти

По правило купувачите и наемателите разглеждат недвижими имоти в желания от тях регион в големите портали за недвижими имоти в интернет. Ако са въвели кратък профил на търсене, те могат да получат по електронната поща недвижими имоти или списък със съответните линкове към недвижими имоти. Често това става на 2-3 портала за недвижими имоти. След това по правило се свързват с оферентите по електронната поща. Така оферентите получават възможност и разрешение да се свържат с купувачите и наематслите.

Освен това купувачите и наемателите се свързват отделно с брокер на недвижими имоти в желания регион и правят профил на търсене.

Оферентите в порталите за недвижими имоти са частни лица и търговци. Търговските оференти са предимно брокери на недвижими имоти и частично строителни фирми, търговци на недвижими имоти и други дружества за недвижими имоти (в текста търговските оференти се наричат брокери на недвижими имоти).

4. Недостатък на частните оференти / предимство на брокерите на недвижими имоти

При покупка на недвижим имот от страна на частните продавачи не винаги се гарантира незабавна продажба, тъй като например при унаследен имот няма единомислие между наследниците или липсва удостоверение за наследници. Освен това неизяснени правни въпроси, какъвто може да е правото на обитаване, допълнително утежняват продажбата.

При отдавани имоти под наем е възможно, частният наемодател да не е взел нормативните разрешения, например ако търговски имот (площ) трябва да се отдаде под наем за жилище.

Когато оферентът е брокер на недвижими имоти, той е изяснил горе посочените аспекти предварително. Освен това, често важните документи за имота (скица, ситуационен чертеж, енергиен паспорт, кадастър, нормативни документи и др.) са вече налични. – По този начин е възможно продажбата или отдаването под наем да се извършат бързо и без усложнения.

5. Подбор на недвижими имоти

За да се направи бърз и ефективен подбор между купувачи или наематели и продавачи или наемодатели, по принцип е важно, да се предложи систематизиран и професионален начин на действие.

Това се осъществява чрез друга ориентация на начина на действие или протичане на процеса при търсене и намиране между брокерите на недвижими имоти и купувачите и наемателите. Тоест, вместо недвижимите имоти да се „поднасят" на купувача или наемателя, в портала за подбор на недвижими имоти (Арр – приложение) купувачите и наемателите се квалифицират (профил на търсене), сравняват се и се свързват с предлаганите имоти на брокерите.

Първо купувачите и наемателите създават конкретен профил на търсене в портала за недвижими имоти. Този профил на търсене съдържа около 20 характеристики. Тук са включени следните характеристики (изброяването не е пълно), които са важни за профила на търсене.

- Регион/пощенски код/ населено място
- Вид обект
- Размер на парцела
- Жилищна площ
- Покупна цена/ наем
- Година на построяване
- Етажи
- Брой на стаите
- Отдаден под наем (да/ не)
- Изба (да/ не)
- Балкон/ тераса (да/ не)
- Вид на отоплението
- Паркинг място (да/ не)

Тук е важно, характеристиките да не се въвеждат свободно, а да се избират с кликване, респективно отваряне на съответното поле на характеристиката (напр. вид обект) от списък с предварително зададени възможности/ опции (напр. при вид обект: апартамент, еднофамилна къща, складово хале, офис…).

По избор от купувачите и наемателите могат да се въвеждат и други профили на търсене. Също така е възможна промяна на профила на търсене.

Допълнително от купувачите и наемателите се въвеждат пълните данни за контакт в предвидените за това полета. Това са фамилия, име, улица, номер, пощенски код, население място, телефон и имейл.
В тази връзка купувачите и наемателите дават своето съгласие за осъществяване на контакт

и изпращане на подходящи описания на недвижими имоти (експозета) от страна на брокерите на недвижими имоти.

Освен това купувачите и наемателите сключват договор с оператора на портала за подбор на недвижими имоти.

В следващата стъпка профилите на търсене още невидими са на разположение на свързаните брокери на недвижими имоти, чрез програмния интерфейс (API – Application Programming Interface) – сравним например с програмния интерфейс „openimmo" в Германия. За тази цел трябва да се отбележи, че този програмен интерфейс - така да се каже ключът за пренасочването - трябва да се поддържа почти от всеки действащ в практиката софтуер на брокерите на недвижими имоти или да гарантира прехвърлянето. Ако това не е така, трябва технически да бъде направено възможно. – Тъй като в практиката вече има програмни интерфейси, като горе споменатия програмен интерфейс „openimmo" и други, прехвърлянето на профили на търсене трябва да е възможно.

Сега брокерите на недвижими имоти сравняват своите имоти, за които посредничат, с профилите на търсене. За това недвижимите имоти се внасят в портала за подбор на недвижими имоти и съответните профили на търсене се сравняват и свързват. След извършено сравняване се прави подбор със съответни данни за съвпадението в проценти. – При съвпадение например над 50% се виждат профилите на търсене в софтуера на брокера на недвижими имоти. Отделните характеристики се подреждат по тежест една под друга (точкова система), така че след сравняване на характеристиките се получава процентна част за съвпаденията (вероятност на съответствието). – Например характеристиката „Вид обект" е с по-голяма тежест от характеристиката „Жилищна площ". Допълнително биха могли да се изберат определени характеристики (напр. изба), които трябва да притежава недвижимия имот.

В хода н сравняването на характеристиките за подбора трябва да се внимава, да се дава достъпа на брокерите на недвижими имоти само във вашия желан (резервиран) регион. Това намалява разхода на труд за сравняването на данни. Особено когато съответните брокери на недвижими имоти много често действат регионално. – Тук трябва да се отбележи, че чрез така наречения „облак" днес е възможно запаметяването и обработването на големи количества данни.

За да се гарантира професионално посредничество на недвижими имоти, само брокерите на недвижими имоти получават достъп до профилите на търсене.

За целта брокерите на недвижими имоти сключват договор с оператора на портала за подбор на недвижими имоти.

След съответното сравняване/ подбор брокерите на недвижими имоти могат да се свържат с купувачите или наемателите и обратно, купувачите и наемателите с брокерите на недвижими имоти. Това означава също, че ако брокерите на недвижими имоти са изпратили експозе на купувачите или наемателите, се документира доказателство за дейността или правото на брокерите на недвижими имоти на техните брокерски комисионни в случай на продажба или отдаване под наем.

Това предполага, че на брокера на недвижими имоти от страна на собственика (продавач или наемодател) му е възложено посредничеството за недвижимия имот или има съгласие, да предлага недвижимия имот.

6. Области на приложение

Описаният тук подбор на недвижими имоти се използва за покупко-продажба и отдаване под наем на жилищни и търговски недвижими имоти. За търговски недвижими имоти са необходими съответно допълнителни характеристики на недвижимия имот.

На страната на купувачите и наемателите може да има също брокер на недвижими имоти, както е обикновено в практиката, ако той действа например по възложение на клиенти.

Пространствено погледнато, порталът за недвижими имоти може да се прехвърли в почти всяка страна.

7. Предимства

Този подбор на недвижими имоти предлага големи предимства за купувачите и наемателите, ако те например търсят недвижим имот в техния регион (местожителство) или при смяна на работата в друг град / регион.

Те създават само веднъж техния профил на търсене и получават от действащите в желания регион брокери на недвижими имоти подходящи недвижими имоти.

За брокерите на недвижими имоти се предлагат големи предимства, което се отразява на ефективността и пестенето на време за продажбата или отдаването под наем. Те получават директно представа колко висок е потенциалът от конкретни купувачи и нематели за съответния предлаган от тях недвижим имот.

Освен това брокерите на недвижими имоти могат директно да се обръщат към важната за тях целева група (включително изпращане на експозе за недвижимия имот), която чрез въвеждане на профил на търсене конкретно е помислила върху желания недвижим имот.

По този начин се повишава качеството на връзките с купувачите и наемодателите, които знаят какво търсят. В следствие на това се намалява броят на последващите огледи. – Така се намалява общото маркетингово време за предлагания недвижим имот.

След огледа на предлагания недвижим имот от купувача или наемателя - както обикновено - се сключва договор за покупко-продажба или отдаване под наем.

8. Примерно изчисление (потенциал) – само лично ползвани апартаменти и къщи (без отдадени под наем апартаменти и къщи както и търговски недвижими имоти)

От следния пример става ясно, какъв потенциал има порталът за подбор на недвижими имоти.

В икономически район с 250 000 жители, като град Мьонхенгладбах, има по статистически данни приблизително 125 000 домакинства (2 жители на домакинство). Средния процент на преместванията е около 10%. Следователно на година се преместват 12 500 домакинства. – Салдото за пристигнали и заминали в или от Мьонхенгладбах тук не е взето предвид. – От тях около 10 000 домакинства (80%) търсят недвижим имот под наем и около 2 500 домакинства (20%) търсят да закупят имот.

Съгласно доклада за пазара на недвижими имоти на експертната комисия на град Мьонхенгладбах през 2012 г. е имало 2 613 сделки за покупка на недвижими имоти. – Това потвърждава посоченото по-горе число на 2 500 купувачи. В действителност те ще са повече, тъй като не всеки купувач ще намери своя недвижим имот. Броят на действителните купувачи или по-конкретно броят на профилите на търсене ще бъде приблизително двойно по-голям от средния процент на преместванията около 10%, именно 25 000 профили на търсене. Това означава, че купувачите и наемодателиге въвеждат повече профили на търсене в портала за подбор на недвижими имоти.

Заслужава да се отбележи, че досега практиката е показала, че около половината от всички заинтересовани страни (купувачи и наематели) са намерили своя недвижим имот чрез брокер на недвижими имоти, така общо 6 250 домакинства.

Но практиката показва, че най-малко 70% от всички домакинства са търсили чрез порталите в интернет, така общо 8 750 домакинства (съответстват на 17 500 профили на търсене).

Ако 30% от всички заинтересовани, тоест, 3 750 домакинства (съответства на 7 500 профили на търсене) в град като Мьонхенгладбах, биха създали своя профил на търсене в портала за подбор на недвижими имоти (App – приложение), свързаните брокери на недвижими имоти биха могли на година да предложат подходящи недвижими имоти чрез 1 500 конкретни профили на търсене (20%) на купувачи и чрез 6 000 конкретни профили на търсене (80%) на наематели.

Това означава, при средна продължителност на търсене от 10 месеца и примерна цена от 50 евро на месец за всеки създаден профил на търсене чрез купувачи и немаатели за 7 500 профили на търсене се получава потенциален оборот от 3 750 000 евро на година в град с 250.000 жители.

При прогнозиране за Федерална република Германия с приблизително 80 000 000 (80 млн.) жители това прави потенциален оборот от 1 200 000 000 евро (1,2 милиарда евро) на година. – Ако вместо 30% от всички купувачи и наематели, например 40% от всички заинтересовани търсят своите недвижими имоти чрез портала за подбор на недвижими имоти, потенциалният оборот се увеличава на 1 600 000 000 евро (1,6 милиарда евро) на година.

Този потенциален оборот се отнася само за лично ползвани апартаменти и къщи. Недвижими имоти за отдаване под наем или инвестиционни имоти в сектора жилищни имоти и целият сектор търговски недвижими имоти не са включени в това изчисление на потенциалния оборот.

При наличие на около 50 000 фирми в Германия в областта на посредничеството на недвижими имоти (включително участващи строителни фирми, търговци на недвижими имоти и други дружества за недвижими имоти) с около 200 000 служители и примерен дял от 20% на тези 50 000 фирми, които ползват този портал за подбор на недвижими имоти със средно 2 лиценза, при примерна цена от 300 евро на месец за лиценз се получава потенциален оборот от 72 000 000 евро (72 милиона евро) на година. Освен това трябва да се извърши регионално вписване за тамошните профили на търсене така, че тук в зависимост от оформлението може да се генерира още значителен потенциален оборот.

Благодарение на този голям потенциал от заинтересовани с конкретни профили на търсене брокерите на недвижими имоти не трябва непрекъснато да актуализират своята собствена база от заинтересовани, ако има такава. Още повече, този брой на актуални профили на търсене много вероятно ще надхвърли броя на профилите на търсене, създадени от много пазари на недвижими имоти в тяхната база данни.

Ако този иновативен портал за подбор на недвижими имоти намери приложение в повече страни, могат например купувачи от Германия да създадат профил на търсене за ваканционни апартаменти на средиземноморския остров Майорка (Испания) и свързаните на Майорка брокери на недвижими имоти биха могли да представят по имейл подходящия апартамент на техните германски заинтересовани. – Ако изпратените експозета са написани на испански, днес заинтересованите могат да преведат текста за много кратко време с помощта на преводачески програми в интернет.

За да може подборът на профили на търсене и предлаганите недвижими имоти да се реализира на различни езици, в рамките на портала за подбор на недвижими имоти може да се извърши сравняване на съответните качества на базата на програмираните (математически) качества - независимо от езика - и съответният език да се причисли след това.

При използване на портала за подбор на недвижими имоти на всички континенти горе посоченият потенциален оборот (само търсещи купувачи и наематели) би могъл да се представи чрез много опростено прогнозиране, както следва.

Население на земята:

7 500 000 000 (7,5 милиарда) жители

1. Население в индустриалните стани и високо развити индустриални страни:

2 000 000 000 (2,0 милиарда) жители

2. Население в страни със средно развита икономика

4 000 000 000 (4,0 милиарда) жители

3. Население в развиващите се страни:

1 500 000 000 (1,5 милиарда) жители

Годишният потенциален оборот на Федерална република Германия в размер на 1,2 милиарда евро при 80 милиона жители се преизчислява или прогнозира със следните приети коефициенти за високо развитите, средно развитите и развиващите се страни.

1. Индустриално развити страни: 1,0

2. Средно развити страни: 0,4

3. Развиващи се страни: 0,1

Така се получава следният годишен потенциален оборот (1,2 милиарда евро х населението (развити, средно развити и развиващи се страни) / 80 милиона население х коефициента).

1. Индустриално развити страни:

   30,00 милиарда евро

2. Средно развити страни:

   24,00 милиарда евро

3. Развиващи се страни:

   2,25 милиарда евро

   Общо: **56,25 милиарда евро**

9. Изводи

С този представен портал за подбор на недвижими имоти на търсещите недвижими имоти (купувачи и наематели) и брокери на недвижими имоти се предлагат значителни предимства.

1. Купувачите и наемателите намаляват значително времето за търсене на подходящ имот, тъй като те създават само веднъж своя профил на търсене.

2. Брокерите на недвижими имоти получават обща представа за броя на купувачите и наемателите с техните конкретни желания (профил на търсене).

3. Купувачите и наемателите получават само желания, респективно подходящия имот (съгласно профила на търсене), представени от всички брокери на

недвижими имоти (на практика автоматична предварителна селекция).

4. Брокерите на недвижими имоти намаляват разхода на труд за поддържане на своята индивидуална база данни за профили на търсене, тъй като непрекъснато имат на разположение голям брой актуални профили на търсене.

5. Тъй като към портала за подбор на недвижими имоти са свързани само професионални оференти/ брокери на недвижими имоти, купувачите и наемателите работят с професионални и често опитни посредници на недвижими имоти.

6. Брокерите на недвижими имоти намаляват броя на огледите и като цяло маркетинговото време. От свой ред от страна на купувачите и наемателите също се намалява броят на огледите и

се съкращава времето за сключване на договора за покупко-продажба или за наем.

7. Собствениците на продаваните или отдаваните под наем недвижими имоти също спестяват време. Освен това имотите за отдаване под наем стоят празни по-кратко време, а при имотите за покупка по-бързо се плаща покупната цена, благодарение на по-бързото отдаване под наем или по-бърза продажба, а това е също финансово предимство.

С реализирането, респективно използването на тази идея на подбора на недвижими имоти може да се постигне значителен прогрес в посредничеството на недвижими имоти.

10. Обвързване на портала за подбор на недвижими имоти в нов софтуер за брокерите на недвижими имоти включително оценяване на недвижими имоти

Като завършек описаният тук портал за подбор на недвижими имоти може, респективно трябва още отначало да бъде важна съставна част на новия - в идеалния случай ползван в целия свят - софтуер за брокерите на недвижими имоти. Това означава, брокерите на недвижими имоти или да ползват портала за подбор на недвижими имоти допълнително към ползвания от тях софтуер за брокери или в идеалния случай да използват новия софтуер за брокери на недвижими имоти включително портала за подбор на недвижими имоти.

С интегрирането на този ефективен и иновативен портал за подбор на недвижими имоти в собствения софтуер за брокери се създава фундаментална отличителна особеност на софтуера за брокери на недвижими имоти, което ще бъде от съществено значение за навлизане на пазара.

Тъй като в посредничеството на недвижими имоти оценяването на имотите винаги е било и остава важна част, в софтуера за брокери на недвижими имоти задължително трябва да се интегрира инструмент за оценяване на недвижими имоти. Оценяването на имота, със съответните изчислителни начини може да получи достъп до важните данни / параметри от въведените/ запаметените недвижими имоти на брокерите чрез свързване. При необходимост брокерът на недвижими имоти допълва липсващи параметри чрез неговата собствена регионална пазарна експертиза.

Освен това в софтуера за брокери на недвижими имоти трябва да има възможност да се интегрират така наречените виртуални обхождания на недвижимите имоти, за които се посредничи. В този смисъл това би могло например опростено да се използва, като за мобилния телефон и/ или таблет се разработи допълнително приложение (App), което след извършен запис на виртуалния обход на недвижим имот, той до голяма степен автоматично се интегрира или свързва в софтуера на брокерите на недвижими имоти.

Ако ефективният и иновативен портал за подбор на недвижими имоти се обвърже в нов софтуер на брокерите на недвижими имоти заедно с оценяването на недвижими имоти, още веднъж значително се увеличава възможният потенциален оборот.

Матиас Фидлер
Коршенбройх, Дата: 31.10.2016 г.

Матиас Фидлер
Ерика фон Брокдорф Щрасе 19
41352 Коршенброих
Германия
www.matthiasfiedler.net